De puntillas en
LUGARES ESCALOFRIANTES

# CASTILLOS
## RUINOSOS

por Jessica Rudolph

Consultora: Ursula Bielski
Escritora e investigadora de fenómenos paranormales
Fundadora de Chicago Hauntings, Inc.

BEARPORT
PUBLISHING

New York, New York

## Créditos

Cubierta, © Slavko Sereda/Shutterstock, © Grezova Olga/Shutterstock, and © Fatbob/Bigstockphoto; TOC, © zimmytws/Shutterstock; 4–5, © Carlos Caetano/Shutterstock; 6, © Lumppini/Shutterstock; 7, © Hideo Kurihara/Alamy; 8T, © Elnur/Shutterstock; 8 (L to R), © Bernard Allum/iStock, © Ralf Hettler/iStock, and © Bernard Allum/iStock; 9, © Lidiya/Dreamstime; 10, © Jule_Berlin/Shutterstock; 11, © Kiselev Andrey Valerevich/Shutterstock; 12L, © Fablok/Shutterstock; 12R, © Just2shutter/Shutterstock; 13, © Istvan Csak/Shutterstock and © faestock/Shutterstock; 14, Public Domain; 15, © Justin Black/Shutterstock; 16, © Duncan Walker/iStock; 17, © Artokoloro Quint Lox Limited/Alamy; 18, © Stocktrek Images, Inc./Alamy; 19, © Catalin Petolea/Shutterstock; 20, © Fotokon/Shutterstock; 21, © World History Archive/Alamy; 23, © Pecold/Shutterstock; 24, © Aksenova Natalya/Shutterstock.

Director editorial: Kenn Goin
Editora: J. Clark
Traductora: Eida Del Risco
Editora de español: Queta Fernandez
Director creativo: Spencer Brinker
Investigador de fotografía: Thomas Persano
Cubierta: Kim Jones

*Datos de catalogación de la Biblioteca del Congreso*

Names: Rudolph, Jessica, author. | Del Risco, Eida, translator. | Translation of: Rudolph, Jessica. Creaky castles.
Title: Castillos ruinosos / por Jessica Rudolph.
Other titles: Creaky castles. Spanish
Description: Nueva York, Nueva York : Bearport Publishing, 2018. | Series: De puntillas en lugares escalofriantes | Includes bibliographical references and index. | Audience: Ages 5–8.
Identifiers: LCCN 2017011835 (print) | LCCN 2017019435 (ebook) | ISBN 9781684023936 (ebook) | ISBN 9781684023844 (library)
Subjects: LCSH: Haunted castles—Juvenile literature.
Classification: LCC BF1474 (ebook) | LCC BF1474 .R8318 2018 (print) | DDC 133.1/22—dc23
LC record available at https://lccn.loc.gov/2017011835

Para más información, escriba a Bearport Publishing Company, Inc., 45 West 21st Street, Suite 3B, New York, New York 10010. Impreso en los Estados Unidos de América.

10 9 8 7 6 5 4 3 2 1

# CONTENIDO

# Castillos ruinosos

La luna llena se eleva por encima de los ruinosos muros de un castillo. Los murciélagos salen volando desde una alta torre de piedra y te preguntas: ¿qué horrores te esperan dentro de la oscura **fortaleza**? ¿Habrá fantasmas deambulando por los pasillos? ¡Es posible que hasta haya una criatura sedienta de sangre encerrada en las mazmorras!

Prepárate para leer cuatro historias escalofriantes acerca de castillos siniestros. Pasa la página… ¡si te atreves!

# UNA CASCADA DE SANGRE

### Castillo Hachioji Tokio, Japón

Los castillos a menudo tienen grandes ejércitos que los protegen. Pero, ¿qué sucede cuando los ejércitos se marchan? Las personas que viven en el castillo quedan indefensas.

En 1590, un ejército de fieros **samuráis** atacó el castillo Hachioji.

La mayoría de los soldados de Hachioji estaban lejos, librando otra batalla. Las mujeres del castillo sabían que iban a ser capturadas y **torturadas**. ¿Qué podían hacer?

Los restos del castillo Hachioji

Las mujeres hicieron lo impensable. ¡Se suicidaron lanzándose desde lo alto del castillo! Se dice que su sangre corrió como una cascada sobre las rocas que están al pie.

Ese día, los atacantes samuráis destruyeron buena parte del castillo. Hoy en día, mucha gente dice que las **ruinas** del edificio están embrujadas por las desafortunadas mujeres.

Los visitantes dicen haber escuchado los gritos espectrales de las mujeres y el ruido de los cuerpos al golpear las rocas.

# UN VAMPIRO OCULTO

**Castillo de Glamis, Angus, Escocia**

Los vampiros son seres **sobrenaturales** que son muertos vivientes. Atacan a los vivos y beben su sangre. Dentro del castillo de Glamis podría haber un vampiro al acecho.

Castillo de Glamis

En el siglo XV, los dueños del castillo atraparon a una sirvienta chupando la sangre de una víctima. ¡La joven era una vampira! Los aterrorizados dueños encerraron a la criatura en una habitación secreta. Esperaban que, sin comida y agua, muriera.

Según la **leyenda**, solo hay pocas formas de matar a un vampiro. Puede clavarse una estaca en el corazón de la criatura. También puede matarse si se le corta la cabeza o si se **expone** a la luz del sol.

Pero la vampira de Glamis Castle fue solamente encerrada. Muchos creen que todavía está viva. Si alguna vez la descubren y la liberan, ¡podría buscar más víctimas!

El castillo de Glamis también tiene fantasmas. Uno de los espíritus fue acusado de brujería en vida. La quemaron en la hoguera en el siglo XVI.

# El espíritu sin cabeza

**Torre de Londres, Londres, Inglaterra**

La Torre de Londres ha sido el hogar de reyes y reinas. También ha servido de prisión. Incluso, varias personas fueron **ejecutadas** allí. No es de asombrarse que el castillo esté hechizado.

En 1533, el rey Enrique VIII se casó con su segunda esposa, Ana Bolena.

Enrique VIII

Ana Bolena

Enrique esperaba que Ana le diera pronto un hijo varón que heredara el trono. Sin embargo, pasaron los años y ella solo dio a luz a una niña. Así que Enrique encerró a Ana en la Torre.

La Torre de Londres

El 19 de mayo de 1536, sacaron a Ana de su prisión y la llevaron a la explanada cubierta de hierba de la Torre, donde había una multitud reunida. A Ana se le ordenó arrodillarse. Entonces, un hábil espadachín le cortó la cabeza de un golpe.

Hoy en día, algunos visitantes de la Torre dicen que el espíritu sin cabeza de Ana deambula por el castillo. ¡Incluso se le ha visto sosteniendo su propia cabeza!

# Vlad, el Empalador

## Castillo de Poienari, condado de Arges, Rumanía

En 1447, el padre y el hermano del príncipe Vlad fueron asesinados. Los **nobles** que tenían el deber de defender a su familia no habían hecho nada. Vlad estaba furioso. Pasó años planeando una venganza terrible.

Un día, en 1457, Vlad reunió a las familias de los nobles y las llevó a su ruinoso castillo en lo alto de las montañas.

Príncipe Vlad

Entonces, Vlad los obligó a cargar enormes rocas para reconstruir los muros del castillo. Algunos trabajaron hasta morir.

Castillo de Poienari

Los que sobrevivieron sufrieron un **destino** aún peor. ¡Vlad los mandó a **empalar** con grandes estacas de madera en las afueras del castillo! Fue una muerte lenta y dolorosa. Una persona demoraba horas e incluso, días, en morir.

El príncipe Vlad se llamaba Vlad Dracula, que sinifica "Vlad, hijo del dragón". Es posible que su vida haya **inspirado** a Bram Stoker a escribir, en 1897, *Drácula*, un famoso libro acerca de un vampiro.

# CASTILLOS RUINOSOS
## DEL MUNDO

### TORRE DE LONDRES
Londres, Inglaterra

Camina por los pasillos de un castillo habitado por un espíritu sin cabeza.

### CASTILLO DE GLAMIS
Angus, Escocia

¿Estará una vampira encerrada en una habitación secreta de este castillo?

### CASTILLO DE POIENARI
Condado de Arges, Rumanía

Visita el castillo donde el príncipe Vlad empaló a sus víctimas.

### CASTILLO HACHIOJI
Tokio, Japón

Observa el lugar donde las mujeres prefirieron suicidarse saltando al vacío antes que ser capturadas.

océano Ártico

AMÉRICA DEL NORTE

EUROPA

ASIA

océano Atlántico

océano Pacífico

AMÉRICA DEL SUR

ÁFRICA

océano Pacífico

océano Índico

AUSTRALIA

océano Atlántico

N
O · E
S

océano Antártico

ANTÁRTIDA

# Glosario

**destino** lo que ocurre al final

**ejecutadas** que fueron muertas

**empalar** matar a alguien clavándole un palo de madera afilado en las entrañas

**expone** deja algo sin protección

**fortaleza** edificación grande y fuerte que se construye para resistir ataques

**inspirado** motivado por algo o alguien para su creación

**leyenda** historia del pasado que a menudo no es completamente real

**nobles** personas de alto rango

**ruinas** lo que queda de algo que se ha destruido

**samuráis** guerreros o soldados japoneses que vivieron en tiempos medievales (desde el siglo V al siglo XV)

**sobrenaturales** inusuales, que no siguen las leyes naturales

**torturadas** castigadas causándoles grandes sufrimientos

# Índice

# Lee más

**Owen, Ruth.** *Vampires and Other Bloodsuckers (Not Near Normal: The Paranormal).* Nueva York: Bearport (2013).

**Phillips, Dee.** *The Vampire's Lair (Cold Whispers II).* Nueva York: Bearport (2017).

# Aprende más en línea

Para aprender más sobre castillos ruinosos, visita:
**www.bearportpublishing.com/Tiptoe**

# Acerca de la autora

Jessica Rudolph es una escritora de Connecticut. Ha visitado castillos hechizados en Irlanda, Escocia y Alemania, pero no ha visto ni fantasmas ni vampiros... todavía.